中华人民共和国审计法

中国法制出版社

中华人民共和国审计法
ZHONGHUA RENMIN GONGHEGUO SHENJIFA

经销/新华书店
印刷/保定市中画美凯印刷有限公司
开本/850 毫米×1168 毫米　32 开　　印张/1.25　字数/15 千
版次/2021 年 10 月第 1 版　　2025 年 11 月第 7 次印刷

中国法制出版社出版
书号 ISBN 978-7-5216-2223-2　　定价：6.00 元

北京市西城区西便门西里甲 16 号西便门办公区
邮政编码：100053　　传真：010-63141600
网址：http：//www.zgfzs.com　　**编辑部电话：010-63141673**
市场营销部电话：010-63141612　　**总编室电话：010-63141606**

目　录

中华人民共和国主席令

第一〇〇号

《全国人民代表大会常务委员会关于修改〈中华人民共和国审计法〉的决定》已由中华人民共和国第十三届全国人民代表大会常务委员会第三十一次会议于2021年10月23日通过，现予公布，自2022年1月1日起施行。

中华人民共和国主席　习近平

2021年10月23日

全国人民代表大会常务委员会关于修改《中华人民共和国审计法》的决定

（2021年10月23日第十三届全国人民代表大会常务委员会第三十一次会议通过）

第十三届全国人民代表大会常务委员会第三十一次会议决定对《中华人民共和国审计法》作如下修改：

一、将第二条第一款分为两款，作为第一款、第二款，修改为："国家实行审计监督制度。坚持中国共产党对审计工作的领导，构建集中统一、全面覆盖、权威高效的审计监督体系。

"国务院和县级以上地方人民政府设立审计机关。"

二、将第四条修改为："国务院和县级以上地方人民政府应当每年向本级人民代表大会常务委员会提出审计工作报告。审计工作报告应当报告审计机关对预算执行、决算草案以及其他财政收支的审计情况，重点报告对预算执行及其绩效的审计情况，按照有关法律、行政法规的规定报告对国有资源、国有资产的审计情况。必要时，人民代表大会常务委员会可以对审计工作报告作出决议。

“国务院和县级以上地方人民政府应当将审计工作报告中指出的问题的整改情况和处理结果向本级人民代表大会常务委员会报告。”

三、将第十一条修改为：“审计机关履行职责所必需的经费，应当列入预算予以保证。”

四、增加一条，作为第十二条：“审计机关应当建设信念坚定、为民服务、业务精通、作风务实、敢于担当、清正廉洁的高素质专业化审计队伍。

“审计机关应当加强对审计人员遵守法律和执行职务情况的监督，督促审计人员依法履职尽责。

“审计机关和审计人员应当依法接受监督。”

五、将第十二条改为第十三条，增加一款，作为第二款：“审计机关根据工作需要，可以聘请具有与审计事项相关专业知识的人员参加审计工作。”

六、增加一条，作为第十四条：“审计机关和审计人员不得参加可能影响其依法独立履行审计监督职责的活动，不得干预、插手被审计单位及其相关单位的正常生产经营和管理活动。”

七、将第十四条改为第十六条，修改为：“审计机关和审计人员对在执行职务中知悉的国家秘密、工作秘密、商业秘密、个人隐私和个人信息，应当予以保密，不得泄露或者向他人非法提供。”

八、将第十八条第二款、第二十条、第二十一条合并，作为第二十二条，修改为：“审计机关对国有企业、国有金融机构和国有资本占控股地位或者主导地位的企业、金融机构的资产、负债、损益以及其他财务收支情况，进行审计监督。

“遇有涉及国家财政金融重大利益情形，为维护国家经济安全，经国务院批准，审计署可以对前款规定以外的金融机构进行专项审计调查或者审计。”

九、将第二十二条改为第二十三条，修改为：“审计机关对政府投资和以政府投资为主的建设项目的预算执行情况和决算，对其他关系国家利益和公共利益的重大公共工程项目的资金管理使用和建设运营情况，进行审计监督。”

十、将第二十三条改为第二十四条，修改为：“审计机关对国有资源、国有资产，进行审计监督。

“审计机关对政府部门管理的和其他单位受政府委

托管理的社会保险基金、全国社会保障基金、社会捐赠资金以及其他公共资金的财务收支，进行审计监督。”

十一、增加一条，作为第二十六条：“根据经批准的审计项目计划安排，审计机关可以对被审计单位贯彻落实国家重大经济社会政策措施情况进行审计监督。”

十二、增加一条，作为第二十八条：“审计机关可以对被审计单位依法应当接受审计的事项进行全面审计，也可以对其中的特定事项进行专项审计。”

十三、增加一条，作为第三十条：“审计机关履行审计监督职责，发现经济社会运行中存在风险隐患的，应当及时向本级人民政府报告或者向有关主管机关、单位通报。”

十四、将第二十八条改为第三十一条，将第一款修改为：“审计机关根据被审计单位的财政、财务隶属关系或者国有资源、国有资产监督管理关系，确定审计管辖范围。”

将第三款修改为：“上级审计机关对其审计管辖范围内的审计事项，可以授权下级审计机关进行审计，但本法第十八条至第二十条规定的审计事项不得进行授权；上级审计机关对下级审计机关审计管辖范围内的重大审计事项，可以直接进行审计，但是应当防止不必要的重复审计。”

十五、将第二十九条改为第三十二条，修改为：“被审计单位应当加强对内部审计工作的领导，按照国家有关规定建立健全内部审计制度。

“审计机关应当对被审计单位的内部审计工作进行业务指导和监督。”

十六、将第三十一条改为第三十四条，修改为：“审计机关有权要求被审计单位按照审计机关的规定提供财务、会计资料以及与财政收支、财务收支有关的业务、管理等资料，包括电子数据和有关文档。被审计单位不得拒绝、拖延、谎报。

“被审计单位负责人应当对本单位提供资料的及时性、真实性和完整性负责。

“审计机关对取得的电子数据等资料进行综合分析，需要向被审计单位核实有关情况的，被审计单位应当予以配合。”

十七、增加一条，作为第三十五条：“国家政务信息系统和数据共享平台应当按照规定向审计机关开放。

“审计机关通过政务信息系统和数据共享平台取得

的电子数据等资料能够满足需要的，不得要求被审计单位重复提供。”

十八、将第三十二条改为第三十六条，修改为：“审计机关进行审计时，有权检查被审计单位的财务、会计资料以及与财政收支、财务收支有关的业务、管理等资料和资产，有权检查被审计单位信息系统的安全性、可靠性、经济性，被审计单位不得拒绝。”

十九、将第三十三条改为第三十七条，将第三款修改为：“审计机关有证据证明被审计单位违反国家规定将公款转入其他单位、个人在金融机构账户的，经县级以上人民政府审计机关主要负责人批准，有权查询有关单位、个人在金融机构与审计事项相关的存款。”

二十、将第三十四条改为第三十八条，将第一款修改为：“审计机关进行审计时，被审计单位不得转移、隐匿、篡改、毁弃财务、会计资料以及与财政收支、财务收支有关的业务、管理等资料，不得转移、隐匿、故意毁损所持有的违反国家规定取得的资产。”

二十一、将第三十六条改为第四十条，将第二款修改为：“审计机关通报或者公布审计结果，应当保守国家秘密、工作秘密、商业秘密、个人隐私和个人信息，遵守法律、行政法规和国务院的有关规定。”

二十二、将第三十七条改为第四十一条，修改为：“审计机关履行审计监督职责，可以提请公安、财政、自然资源、生态环境、海关、税务、市场监督管理等机关予以协助。有关机关应当依法予以配合。”

二十三、将第三十八条改为第四十二条，将第一款修改为：“审计机关根据经批准的审计项目计划确定的审计事项组成审计组，并应当在实施审计三日前，向被审计单位送达审计通知书；遇有特殊情况，经县级以上人民政府审计机关负责人批准，可以直接持审计通知书实施审计。”

二十四、将第三十九条改为第四十三条，修改为：“审计人员通过审查财务、会计资料，查阅与审计事项有关的文件、资料，检查现金、实物、有价证券和信息系统，向有关单位和个人调查等方式进行审计，并取得证明材料。

“向有关单位和个人进行调查时，审计人员应当不少于二人，并出示其工作证件和审计通知书副本。”

二十五、将第四十一条改为第四十五条，修改为：“审计机关按照审计署规定的程序对审计组的审计报告进行审议，并对被审计单位对审计组的审计报告提出的意见一并研究后，出具审计机关的审计报告。对违反国家规定的财政收支、财务收支行为，依法应当给予处理、处罚的，审计机关在法定职权范围内作出审计决定；需要移送有关主管机关、单位处理、处罚的，审计机关应当依法移送。

“审计机关应当将审计机关的审计报告和审计决定送达被审计单位和有关主管机关、单位，并报上一级审计机关。审计决定自送达之日起生效。”

二十六、将第四十三条改为第四十七条，修改为：“被审计单位违反本法规定，拒绝、拖延提供与审计事项有关的资料的，或者提供的资料不真实、不完整的，或者拒绝、阻碍检查、调查、核实有关情况的，由审计机关责令改正，可以通报批评，给予警告；拒不改正的，依法追究法律责任。”

二十七、将第四十四条改为第四十八条，修改为：“被审计单位违反本法规定，转移、隐匿、篡改、毁弃财务、会计资料以及与财政收支、财务收支有关的业务、管理等资料，或者转移、隐匿、故意毁损所持有的违反国家规定取得的资产，审计机关认为对直接负责的主管人员和其他直接责任人员依法应当给予处分的，应当向被审计单位提出处理建议，或者移送监察机关和有关主管机关、单位处理，有关机关、单位应当将处理结果书面告知审计机关；构成犯罪的，依法追究刑事责任。”

二十八、增加一条，作为第五十二条：“被审计单位应当按照规定时间整改审计查出的问题，将整改情况报告审计机关，同时向本级人民政府或者有关主管机关、单位报告，并按照规定向社会公布。

“各级人民政府和有关主管机关、单位应当督促被审计单位整改审计查出的问题。审计机关应当对被审计单位整改情况进行跟踪检查。

“审计结果以及整改情况应当作为考核、任免、奖惩领导干部和制定政策、完善制度的重要参考；拒不整改或者整改时弄虚作假的，依法追究法律责任。”

二十九、将第四十九条改为第五十四条，修改为：“被审计单位的财政收支、财务收支违反国家规定，审计机关认为对直接负责的主管人员和其他直接责任人员依法应当给予处分的，应当向被审计单位提出处理建议，或者移送监察机关和有关主管机关、单位处理，有关机关、单位应当将处理结果书面告知审计机关。”

三十、将第二十五条改为第五十八条，修改为：“领导干部经济责任审计和自然资源资产离任审计，依照本法和国家有关规定执行。”

三十一、将第五十三条改为第五十九条，修改为：“中国人民解放军和中国人民武装警察部队审计工作的规定，由中央军事委员会根据本法制定。

“审计机关和军队审计机构应当建立健全协作配合机制，按照国家有关规定对涉及军地经济事项实施联合审计。”

三十二、将第十七条中的“预算执行情况和其他财政收支情况”修改为“预算执行情况、决算草案以及其他财政收支情况”；将第三十条中的“审计机关审计监督对象”、第四十条中的“被审计对象”修改为“被审计单位”；将第三十四条第三款、第三十五条、第四十五条、第四十六条、第四十七条第二款中的“主管部门”修改为“主管机关、单位”；将第三十五条中的“有权处理的机关”修改为“有权处理的机关、单位”；将第四十五条第四项中的“会计制度”修改为“财务、会计制度”；将第四十七条第二款中的“被审计单位上缴”修改为“被审计单位缴纳”，“将结果书面通知审计机关”修改为“将处理结果书面告知审计机关”；将第五十二条中的“泄露”修改为“泄露、向他人非法提供”，“国家秘密、商业秘密”

修改为“国家秘密、工作秘密、商业秘密、个人隐私和个人信息”。

本决定自2022年1月1日起施行。

《中华人民共和国审计法》根据本决定作相应修改并对条文顺序作相应调整，重新公布。

中华人民共和国审计法

（1994 年 8 月 31 日第八届全国人民代表大会常务委员会第九次会议通过　根据 2006 年 2 月 28 日第十届全国人民代表大会常务委员会第二十次会议《关于修改〈中华人民共和国审计法〉的决定》第一次修正　根据 2021 年 10 月 23 日第十三届全国人民代表大会常务委员会第三十一次会议《关于修改〈中华人民共和国审计法〉的决定》第二次修正）

目　　录

第一章　总　　则

第一条　为了加强国家的审计监督，维护国家财政经济秩序，提高财政资金使用效益，促进廉政建设，保障国民经济和社会健康发展，根据宪法，制定本法。

第二条　国家实行审计监督制度。坚持中国共产党对审计工作的领导，构建集中统一、全面覆盖、权威高效的审计监督体系。

国务院和县级以上地方人民政府设立审计机关。

国务院各部门和地方各级人民政府及其各部门的财政收支，国有的金融机构和企业事业组织的财务收支，以及其他依照本法规定应当接受审计的财政收支、财务收支，依照本法规定接受审计监督。

审计机关对前款所列财政收支或者财务收支的真实、合法和效益，依法进行审计监督。

第三条　审计机关依照法律规定的职权和程序，进行审计监督。

审计机关依据有关财政收支、财务收支的法律、法规和国家其他有关规定进行审计评价，在法定职权范围内作出审计决定。

第四条 国务院和县级以上地方人民政府应当每年向本级人民代表大会常务委员会提出审计工作报告。审计工作报告应当报告审计机关对预算执行、决算草案以及其他财政收支的审计情况，重点报告对预算执行及其绩效的审计情况，按照有关法律、行政法规的规定报告对国有资源、国有资产的审计情况。必要时，人民代表大会常务委员会可以对审计工作报告作出决议。

国务院和县级以上地方人民政府应当将审计工作报告中指出的问题的整改情况和处理结果向本级人民代表大会常务委员会报告。

第五条 审计机关依照法律规定独立行使审计监督权，不受其他行政机关、社会团体和个人的干涉。

第六条 审计机关和审计人员办理审计事项，应当客观公正，实事求是，廉洁奉公，保守秘密。

第二章 审计机关和审计人员

第七条 国务院设立审计署，在国务院总理领导下，主管全国的审计工作。审计长是审计署的行政首长。

第八条 省、自治区、直辖市、设区的市、自治州、县、自治县、不设区的市、市辖区的人民政府的审计机关，分别在省长、自治区主席、市长、州长、县长、区长和上一级审计机关的领导下，负责本行政区域内的审计工作。

第九条 地方各级审计机关对本级人民政府和上一级审计机关负责并报告工作，审计业务以上级审计机关领导为主。

第十条 审计机关根据工作需要，经本级人民政府批准，可以在其审计管辖范围内设立派出机构。

派出机构根据审计机关的授权，依法进行审计工作。

第十一条 审计机关履行职责所必需的经费，应当列入预算予以保证。

第十二条 审计机关应当建设信念坚定、为民服务、业务精通、作风务实、敢于担当、清正廉洁的高素质专业化审计队伍。

审计机关应当加强对审计人员遵守法律和执行职务情况的监督，督促审计人员依法履职尽责。

审计机关和审计人员应当依法接受监督。

第十三条　审计人员应当具备与其从事的审计工作相适应的专业知识和业务能力。

审计机关根据工作需要，可以聘请具有与审计事项相关专业知识的人员参加审计工作。

第十四条　审计机关和审计人员不得参加可能影响其依法独立履行审计监督职责的活动，不得干预、插手被审计单位及其相关单位的正常生产经营和管理活动。

第十五条　审计人员办理审计事项，与被审计单位或者审计事项有利害关系的，应当回避。

第十六条　审计机关和审计人员对在执行职务中知悉的国家秘密、工作秘密、商业秘密、个人隐私和个人信息，应当予以保密，不得泄露或者向他人非法提供。

第十七条　审计人员依法执行职务，受法律保护。

任何组织和个人不得拒绝、阻碍审计人员依法执行职务，不得打击报复审计人员。

审计机关负责人依照法定程序任免。审计机关负责人没有违法失职或者其他不符合任职条件的情况的，不得随意撤换。

地方各级审计机关负责人的任免，应当事先征求上一级审计机关的意见。

第三章　审计机关职责

第十八条　审计机关对本级各部门（含直属单位）和下级政府预算的执行情况和决算以及其他财政收支情况，进行审计监督。

第十九条　审计署在国务院总理领导下，对中央预算执行情况、决算草案以及其他财政收支情况进行审计监督，向国务院总理提出审计结果报告。

地方各级审计机关分别在省长、自治区主席、市长、州长、县长、区长和上一级审计机关的领导下，对本级预算执行情况、决算草案以及其他财政收支情况进行审计监督，向本级人民政府和上一级审计机关提出审计结果报告。

第二十条　审计署对中央银行的财务收支，进行审计监督。

第二十一条　审计机关对国家的事业组织和使用财政资金的其他事业组织的财务收支，进行审计监督。

第二十二条　审计机关对国有企业、国有金融机构和国有资本占控股地位或者主导地位的企业、金融机构的资产、负债、损益以及其他财务收支情况，进行审计监督。

遇有涉及国家财政金融重大利益情形，为维护国家经济安全，经国务院批准，审计署可以对前款规定以外的金融机构进行专项审计调查或者审计。

第二十三条 审计机关对政府投资和以政府投资为主的建设项目的预算执行情况和决算，对其他关系国家利益和公共利益的重大公共工程项目的资金管理使用和建设运营情况，进行审计监督。

第二十四条 审计机关对国有资源、国有资产，进行审计监督。

审计机关对政府部门管理的和其他单位受政府委托管理的社会保险基金、全国社会保障基金、社会捐赠资金以及其他公共资金的财务收支，进行审计监督。

第二十五条 审计机关对国际组织和外国政府援助、贷款项目的财务收支，进行审计监督。

第二十六条 根据经批准的审计项目计划安排，审计机关可以对被审计单位贯彻落实国家重大经济社会政策措施情况进行审计监督。

第二十七条 除本法规定的审计事项外，审计机关对其他法律、行政法规规定应当由审计机关进行审计的事项，依照本法和有关法律、行政法规的规定进行审计监督。

第二十八条 审计机关可以对被审计单位依法应当接受审计的事项进行全面审计，也可以对其中的特定事项进行专项审计。

第二十九条 审计机关有权对与国家财政收支有关的特定事项，向有关地方、部门、单位进行专项审计调查，并向本级人民政府和上一级审计机关报告审计调查结果。

第三十条 审计机关履行审计监督职责，发现经济社会运行中存在风险隐患的，应当及时向本级人民政府报告或者向有关主管机关、单位通报。

第三十一条 审计机关根据被审计单位的财政、财务隶属关系或者国有资源、国有资产监督管理关系，确定审计管辖范围。

审计机关之间对审计管辖范围有争议的，由其共同的上级审计机关确定。

上级审计机关对其审计管辖范围内的审计事项，可以授权下级审计机关进行审计，但本法第十八条至第二十条规定的审计事项不得进行授权；上级审计机关对下级审计机关审计管辖范围内的重大审计事项，可以直接进行审计，但是应当防止不必要的重复审计。

第三十二条 被审计单位应当加强对内部审计工作的领导，按照国家有关规定建立健全内部审计制度。

审计机关应当对被审计单位的内部审计工作进行业务指导和监督。

第三十三条 社会审计机构审计的单位依法属于被审计单位的，审计机关按照国务院的规定，有权对该社会审计机构出具的相关审计报告进行核查。

第四章 审计机关权限

第三十四条 审计机关有权要求被审计单位按照审计机关的规定提供财务、会计资料以及与财政收支、财务收支有关的业务、管理等资料，包括电子数据和有关文档。被审计单位不得拒绝、拖延、谎报。

被审计单位负责人应当对本单位提供资料的及时性、真实性和完整性负责。

审计机关对取得的电子数据等资料进行综合分析，需要向被审计单位核实有关情况的，被审计单位应当予以配合。

第三十五条 国家政务信息系统和数据共享平台应当按照规定向审计机关开放。

审计机关通过政务信息系统和数据共享平台取得的电子数据等资料能够满足需要的，不得要求被审计单位重复提供。

第三十六条 审计机关进行审计时，有权检查被审计单位的财务、会计资料以及与财政收支、财务收支有关的业务、管理等资料和资产，有权检查被审计单位信息系统的安全性、可靠性、经济性，被审计单位不得拒绝。

第三十七条 审计机关进行审计时，有权就审计事项的有关问题向有关单位和个人进行调查，并取得有关证明材料。有关单位和个人应当支持、协助审计机关工作，如实向审计机关反映情况，提供有关证明材料。

审计机关经县级以上人民政府审计机关负责人批准，有权查询被审计单位在金融机构的账户。

审计机关有证据证明被审计单位违反国家规定将公款转入其他单位、个人在金融机构账户的，经县级以上人民政府审计机关主要负责人批准，有权查询有关单位、个人在金融机构与审计事项相关的存款。

第三十八条 审计机关进行审计时，被审计单位不得转移、隐匿、篡改、毁弃财务、会计资料以及与财政收支、财务收支有关的业务、管理等资料，不得转移、隐匿、故意毁损所持有的违反国家规定取得的资产。

审计机关对被审计单位违反前款规定的行为，有权予以制止；必要时，经县级以上人民政府审计机关负责人批准，有权封存有关资料和违反国家规定取得的资产；对其中在金融机构的有关存款需要予以冻结的，应当向人民法院提出申请。

审计机关对被审计单位正在进行的违反国家规定的财政收支、财务收支行为，有权予以制止；制止无效的，经县级以上人民政府审计机关负责人批准，通知财政部门和有关主管机关、单位暂停拨付与违反国家规定的财政收支、财务收支行为直接有关的款项，已经拨付的，暂停使用。

审计机关采取前两款规定的措施不得影响被审计单位合法的业务活动和生产经营活动。

第三十九条 审计机关认为被审计单位所执行的上级主管机关、单位有关财政收支、财务收支的规定与法律、行政法规相抵触的，应当建议有关主管机关、单位纠正；有关主管机关、单位不予纠正的，审计机关应当提请有权处理的机关、单位依法处理。

第四十条 审计机关可以向政府有关部门通报或者向社会公布审计结果。

审计机关通报或者公布审计结果，应当保守国家秘密、工作秘密、商业秘密、个人隐私和个人信息，遵守法律、行政法规和国务院的有关规定。

第四十一条 审计机关履行审计监督职责，可以提请公安、财政、自然资源、生态环境、海关、税务、市场监督管理等机关予以协助。有关机关应当依法予以配合。

第五章 审计程序

第四十二条 审计机关根据经批准的审计项目计划确定的审计事项组成审计组，并应当在实施审计三日前，向被审计单位送达审计通知书；遇有特殊情况，经县级以上人民政府审计机关负责人批准，可以直接持审计通知书实施审计。

被审计单位应当配合审计机关的工作，并提供必要的工作条件。

审计机关应当提高审计工作效率。

第四十三条 审计人员通过审查财务、会计资料，查阅与审计事项有关的文件、资料，检查现金、实物、有价证券和信息系统，向有关单位和个人调查等方式进行审计，并取得证明材料。

向有关单位和个人进行调查时，审计人员应当不少于二人，并出示其工作证件和审计通知书副本。

第四十四条 审计组对审计事项实施审计后，应当向审计机关提出审计组的审计报告。审计组的审计报告报送审计机关前，应当征求被审计单位的意见。被审计单位应当自接到审计组的审计报告之日起十日内，将其书面意见送交审计组。审计组应当将被审计单位的书面意见一并报送审计机关。

第四十五条 审计机关按照审计署规定的程序对审计组的审计报告进行审议，并对被审计单位对审计组的审计报告提出的意见一并研究后，出具审计机关的审计报告。对违反国家规定的财政收支、财务收支行为，依法应当给予处理、处罚的，审计机关在法定职权范围内作出审计决定；需要移送有关主管机关、单位处理、处罚的，审计机关应当依法移送。

审计机关应当将审计机关的审计报告和审计决定

送达被审计单位和有关主管机关、单位，并报上一级审计机关。审计决定自送达之日起生效。

第四十六条 上级审计机关认为下级审计机关作出的审计决定违反国家有关规定的，可以责成下级审计机关予以变更或者撤销，必要时也可以直接作出变更或者撤销的决定。

第六章 法律责任

第四十七条 被审计单位违反本法规定，拒绝、拖延提供与审计事项有关的资料的，或者提供的资料不真实、不完整的，或者拒绝、阻碍检查、调查、核实有关情况的，由审计机关责令改正，可以通报批评，给予警告；拒不改正的，依法追究法律责任。

第四十八条 被审计单位违反本法规定，转移、隐匿、篡改、毁弃财务、会计资料以及与财政收支、财务收支有关的业务、管理等资料，或者转移、隐匿、故意毁损所持有的违反国家规定取得的资产，审计机关认为对直接负责的主管人员和其他直接责任人员依法应当给予处分的，应当向被审计单位提出处理建议，或者移送监察机关和有关主管机关、单位处理，有关机关、单位应当将处理结果书面告知审计机关；构成犯罪的，依法追究刑事责任。

第四十九条 对本级各部门（含直属单位）和下级政府违反预算的行为或者其他违反国家规定的财政收支行为，审计机关、人民政府或者有关主管机关、单位在法定职权范围内，依照法律、行政法规的规定，区别情况采取下列处理措施：

（一）责令限期缴纳应当上缴的款项；

（二）责令限期退还被侵占的国有资产；

（三）责令限期退还违法所得；

（四）责令按照国家统一的财务、会计制度的有关规定进行处理；

（五）其他处理措施。

第五十条 对被审计单位违反国家规定的财务收支行为，审计机关、人民政府或者有关主管机关、单位在法定职权范围内，依照法律、行政法规的规定，区别情况采取前条规定的处理措施，并可以依法给予处罚。

第五十一条 审计机关在法定职权范围内作出的审计决定，被审计单位应当执行。

审计机关依法责令被审计单位缴纳应当上缴的款

项，被审计单位拒不执行的，审计机关应当通报有关主管机关、单位，有关主管机关、单位应当依照有关法律、行政法规的规定予以扣缴或者采取其他处理措施，并将处理结果书面告知审计机关。

第五十二条 被审计单位应当按照规定时间整改审计查出的问题，将整改情况报告审计机关，同时向本级人民政府或者有关主管机关、单位报告，并按照规定向社会公布。

各级人民政府和有关主管机关、单位应当督促被审计单位整改审计查出的问题。审计机关应当对被审计单位整改情况进行跟踪检查。

审计结果以及整改情况应当作为考核、任免、奖惩领导干部和制定政策、完善制度的重要参考；拒不整改或者整改时弄虚作假的，依法追究法律责任。

第五十三条 被审计单位对审计机关作出的有关财务收支的审计决定不服的，可以依法申请行政复议或者提起行政诉讼。

被审计单位对审计机关作出的有关财政收支的审计决定不服的，可以提请审计机关的本级人民政府裁决，本级人民政府的裁决为最终决定。

第五十四条 被审计单位的财政收支、财务收支违反国家规定，审计机关认为对直接负责的主管人员和其他直接责任人员依法应当给予处分的，应当向被审计单位提出处理建议，或者移送监察机关和有关主管机关、单位处理，有关机关、单位应当将处理结果书面告知审计机关。

第五十五条　被审计单位的财政收支、财务收支违反法律、行政法规的规定，构成犯罪的，依法追究刑事责任。

第五十六条　报复陷害审计人员的，依法给予处分；构成犯罪的，依法追究刑事责任。

第五十七条　审计人员滥用职权、徇私舞弊、玩忽职守或者泄露、向他人非法提供所知悉的国家秘密、工作秘密、商业秘密、个人隐私和个人信息的，依法给予处分；构成犯罪的，依法追究刑事责任。

第七章　附　　则

第五十八条　领导干部经济责任审计和自然资源资产离任审计，依照本法和国家有关规定执行。

第五十九条　中国人民解放军和中国人民武装警察部队审计工作的规定，由中央军事委员会根据本法制定。

审计机关和军队审计机构应当建立健全协作配合机制，按照国家有关规定对涉及军地经济事项实施联合审计。

第六十条 本法自1995年1月1日起施行。1988年11月30日国务院发布的《中华人民共和国审计条例》同时废止。

关于《中华人民共和国审计法（修正草案）》的说明

——2021年6月7日在第十三届全国人民代表大会常务委员会第二十九次会议上

审计署审计长　侯　凯

全国人民代表大会常务委员会：

我受国务院委托，现对《中华人民共和国审计法（修正草案）》作说明。

《中华人民共和国审计法》（以下简称审计法）于1995年施行，2006年2月根据第十届全国人大常委会第二十次会议决定作了修改。审计法实施20多年来，对于保障审计机关依法独立行使审计监督权，促进国家重大决策部署贯彻落实，维护国家经济安全，推进廉政建设发挥了重要作用。党的十八大以来，习近平总书记对审计工作作出一系列重要指示批示。党的十九大以来，党中央作出改革审计管理体制的重大决策部署，组建中央审计委员会，加强党对审计工作的集中统一领导；整合优化审计监督力量，将国家发展改革委的重大项目稽察、财政部的中央预算执行情况和其他财政收支情况的监督检查、国务院国资委的国有企业领导干部经济责任审计和国有重点大型企业监事会的职责划入审计署。党中央、国务院印发多个重要文件，要求完善审计制度，保障审计机关依法独立行使审计监督权，更好发挥审计在党和国家监督体系中的重要作用。为此，有必要将党中央、国务院对审计工作的有关要求转化为法律规定，对现行审计法进行相应修改完善。按照全国人大常委会和国务院立法工作计划，审计署在广泛调研、听取各有关方面意见并向社会公开征求意见的基础上，起草了《中华人民共和国审计法（修订草案送审稿）》（以下简称送审稿）。司法部充分征求各方面意见，会同审计署对送审稿作了修改完善，形成了《中华人民共和国审计法（修正草案）》（以下简称草案）。草案已经国务院常务会议讨论通过。现说明如下：

一、修改的总体思路

一是贯彻落实党中央、国务院关于审计工作的决策部署，将改革成果法治化，更好发挥审计在党和国家监督体系中的重要作用。二是保持审计法规定的基本制度不变，着力解决审计工作中的突出问题，在宪法框架下扩展审计范围，强化审计监督手段，增强审计监督的独立性和公信力。三是坚持权责相符，既保障审计监督作用充分发挥，又严格规范审计行为，完善审计程序，维护被审计单位的合法权益。

二、草案的主要内容

（一）坚持党对审计工作的领导。规定：坚持中国共产党对审计工作的领导，构建集中统一、全面覆盖、权威高效的审计监督体系。

（二）扩展审计范围。一是在现行审计法第二十二条规定审计机关对政府投资和以政府投资为主的建设项目的预算执行情况和决算进行审计监督的基础上，增加规定：审计机关对其他关系国家利益和公共利益的重大公共工程项目的资金管理使用和建设运营情况，进行审计监督。二是明确将国有资源、国有资产、公共资金纳入审计监督范围，规定：审计机关对国有资源、国有资产进行审计监督，对政府部门管理的和其他单位受政府委托管理的社会保险基金、全国社会保障基金、社会捐赠资金以及其他公共资金的财务收支进行审计监督。三是在现行审计法第二十一条规定对国有资本占控股地位或者主导地位的企业、金融机构进行审计监督的基础上，增加规定：为维护国家经济安全和公共利益，经国务院批准，审计署可以对其他金融机构进行专项审计调查或者审计监督。四是发挥审计对促进国家重大决策部署落实的保障作用，规定：根据审计项目计划安排，审计机关可以对被审计单位贯彻落实国家重大经济社会政策措施情况进行审计监督。

（三）加强审计队伍建设。一是建设高素质专业化审计队伍，规定：审计机关应当建设信念坚定、为民服务、业务精通、作风务实、敢于担当、清正廉洁的高素质专业化审计队伍；审计机关应当加强对审计人员执行职务和遵守法律情况的监督，督促审计人员依法履职尽责；审计机关和审计人员应当依法接受监督。二是加强审计工作的专业保障，规定：审计机关根据工作需要，可以聘请具有与审计事项相关专业知识的人员参加审计工作。

（四）赋予审计机关履行职责必需的权限。在现行审计法有关审计机关权限规定的基础上，规定：一是审计机关对取得的电子数据等资料进行综合分析，需要向被审计单位核实有关情况的，被审计单位应当予以配合。二是国家政务信息系统和数据共享平台应当按照规定向审计机关开放。三是审计机关进行审计时，有权检查被审计单位信息系统的安全性、可靠性、经济性。四是扩大审计机关查询被审计单位违规存款的范围，将现行审计法第三十三条规定的“审计机关有证据证明被审计单位以个人名义存储公款的，经县级以上人民政府审计机关主要负责人批准，有权查询被审计单位以个人名义在金融机构的存款”修改为“审计机关有证据证明被审计单位违反国家规定将公款转入其他单位、个人在金融机构账户的，经县级以上人民政府审计机关主要负责人批准，有权查询有关单位、个人在金融机构与审计事项相关的存款”。五是明确审计机关可以对被审计单位依法应当接受审计的事项进行全面审计，也可以对其中的特定事项进行专项审计。

（五）严格规范审计行为。一是审计机关和审计人员不得参加可能影响其依法独立履行审计监督职责的活动，不得干预、插手被审计单位及其相关单位的正常生产经营和管理活动。二是审计人员对在执行职务中知悉的国家秘密、工作秘密、商业秘密和个人隐私负有保密的义务；审计机关取得的保密商务信息、个人信息等资料不得用于审计以外的用途。三是审计机关通过政务信息系统和数据共享平台取得电子数据等资料能够满足需要的，不得要求被审计单位重复提供。

（六）明确审计整改和监督责任。一是被审计单位应当按照规定时间整改审计查出的问题，将整改情况书面通知审计机关，同时向本级人民政府或者有关主管机关、单位报告，并按照规定向社会公布。二是各级人民政府和有关主管机关、单位应当督促被审计单位整改审计查出的问题；审计机关应当对被审计单位整改情况进行跟踪检查；审计结果以及整改情况应当作为考核、任免、奖惩领导干部的重要参考；对拒不整改或者整改时弄虚作假的，依法追究责任。三是审计机关履行审计监督职责，发现经济社会运行中的风险隐患，应当及时向本级人民政府或者有关主管机关、单位反映。

此外，草案规定：领导干部经济责任审计和自然资源资产离任审计，依照本法和国家有关规定执行；审计机关和军队审计机构应当建立健全协作配合机制，按照国家有关规定对涉及军地经济事项实施联合审计。同时，对法律责任作了相应修改，对部分条款的文字表述作了调整。

草案和以上说明是否妥当，请审议。